BEI GRIN MACHT SICH IHR WISSEN BEZAHLT

- Wir veröffentlichen Ihre Hausarbeit, Bachelor- und Masterarbeit

- Ihr eigenes eBook und Buch - weltweit in allen wichtigen Shops

- Verdienen Sie an jedem Verkauf

Jetzt bei www.GRIN.com hochladen und kostenlos publizieren

Bibliografische Information der Deutschen Nationalbibliothek:

Die Deutsche Bibliothek verzeichnet diese Publikation in der Deutschen National-
bibliografie; detaillierte bibliografische Daten sind im Internet über http://dnb.d-
nb.de/ abrufbar.

Impressum:

Copyright © 2015 GRIN Verlag, Open Publishing GmbH
Druck und Bindung: Books on Demand GmbH, Norderstedt Germany
ISBN: 978-3-668-02379-6

Dieses Buch bei GRIN:

http://www.grin.com/de/e-book/303835/die-verse-101-120-der-sura-al-ma-ida-die-
methoden-der-qur-anwissenschaft

Ahmet Numan Cakilkum

Die Verse 101-120 der "Sura al-Ma ida". Die Methoden der Qur'anwissenschaft und ihre Anwendung.

GRIN Verlag

GRIN - Your knowledge has value

Der GRIN Verlag publiziert seit 1998 wissenschaftliche Arbeiten von Studenten, Hochschullehrern und anderen Akademikern als eBook und gedrucktes Buch. Die Verlagswebsite www.grin.com ist die ideale Plattform zur Veröffentlichung von Hausarbeiten, Abschlussarbeiten, wissenschaftlichen Aufsätzen, Dissertationen und Fachbüchern.

Besuchen Sie uns im Internet:

http://www.grin.com/

http://www.facebook.com/grincom

http://www.twitter.com/grin_com

Universität Osnabrück

Fachbereich 3: Erziehungs- und Kulturwissenschaften

Vorlesung im Fach „Koranwissenschaften"

Die Verse 101-120 der Sūra al-Māʾida

Referatsausarbeitung

Vorgelegt von Ahmet N. Cakilkum

1.Einleitung

Die vorliegende Arbeit wird einen konkreten Einblick in die Methoden der Qur'ānwissenschaften verschaffen. Im ersten Teil werden allgemeine Inhalte des koranischen Kapitels al-Mā'ida (der Tisch) vorgeführt und im Anschluss die Kernaussagen der Qur'ānverse 101-120 zusammengefasst. Anschließend werden die für die Verse relevanten koranwissenschaftlichen Disziplinen erläutert und ihr Bedeutungsgehalt in der Exegese dargelegt. Danach werden mit Hilfe dieser Disziplinen die entsprechenden Verse analysiert und ausgewertet. Zuletzt werden vier erlesen Verse, von denen zwei aus unbedingtem aktuellem Anlass[1] intensiv das Thema Wunder behandeln, mit verschiedenen tafsīr-Werken beleuchtet.

2. Grobe Zusammenfassung des Kapitels

Die sūra al-Mā'ida (der Tisch) beinhaltet 120 Verse und ist überwiegend medinensischer Art. Laut Elmalılı besitzt sie darüber hinaus noch den Namen al-'Uqūd (die Verträge). Der preferierte Name al-Mā'ida soll ihm zufolge nicht vergeben worden sein, weil in ihr von 'Isās gedecktem Tisch die Rede ist, sondern weil dies die sūra al-Mā'ida ist, wurde sein Tisch in ihm thematisiert. In Wahrheit ist das Kapitel eine islamische Gabe, wie es der Vers ‚al yawmu akmaltu lakum dīnakum wa atmamtu 'alaykum ni'matī[2]' offenkundig darstellt. Sie gehört hinsichtlich ihrer Offenbarungsreihenfolge zu den letzten suwar, denn auch der Prophet berichtet inhaltlich: „So haltet für erlaubt, was in ihm für erlaubt erklärt wurde und haltet für verboten, was in ihm verboten wurde."[3], was auf die endgültige Wirksamkeit ihrer festgesetzten Urteile schließen lässt.

Ab dem Jahr von Ḥudaybiya begann ihre Offenbarung. Es gibt wenige Gefährten, die behaupten, dass der Prophet dieses Kapitel in einem Mal vollständig empfangen hätte, dem widerspricht zumindest die authentischere Meinung des 'Umar b. al-Ḫaṭṭāb, welche dieselbe Überlieferung mit derselben Begebenheit der Offenbarung dahingehend interpretiert, dass sie stückweise offenbart wurde.[4]

Inhalt dieses Kapitels sind zum einen die Korrumpierung des Glaubens der Leute der Schrift (Juden und Christen), zum anderen die Leugnung des Gesandten Muḥammad,

---

[1] Aufgrund der vermehrten Angriffe auf die Glaubensgrundlagen der Muslime seitens mancher Rationalisten, Modernisten und Orientalisten, wird das Thema Wunder im Qur'ān an den entsprechenden Stellen intensiver behandelt.
[2] 5:3.
[3] Elmalılı Muhammed Hamdi Yazır, *Hak dini kuran dili*, Türkei 1979, Band 3, S. 139
[4] Vgl. ebd., S.139.

Allāhs Segen und Friede auf ihm[5], durch die Christen, wobei dieser, laut des Verses, bereits von ʿĪsā und dem Evangelium angekündigt wurde. Weiter sind in ihm praxisbezogene Verse vorhanden, wie bspw. Speisegebote im Islām. Ein besonderes Merkmal dafür, dass es sich bei dieser sūra um eine medinensische handelt, ist, dass in ihr allerlei Gebote und Verbote festgelegt werden. Islamische Vorschriften hinsichtlich der Speisen, wie z.B. dem Verbot des Weingenusses (bzw. Alkohol) unterstützen diese Annahme.

2.1. Schematische Gliederung der behandelten Verse in fünf Ebenen

1. Vers 101-102 empfiehlt den Gläubigen in tadelnder Form, dass sie nicht nach den bis zu diesem Zeitpunkt noch nicht offenbarten Dingen fragen sollen. Diese sind laut dem Inhalt unerheblich, da ihnen keine praktische Relevanz zukommt.

2. In den Versen 103-105 wird berichtet, dass die Götzendiener dem Propheten Ibrāhīm Kulte zuschreiben, die nicht auf seine Religion zurückgehen. Allāh erklärt sie als starrsinnig und unehrlich, da sie weiterhin bei dem Trug ihrer Vorväter blieben und tröstet die Gläubigen, denen er empfiehlt, sich mit ihrem eigenen Glauben zu befassen.

3. Vers 106-108 greift neue zwischenmenschliche Gebote auf. Es handelt sich um das Testament und die Gültigkeit der Zeugenschaft. Diese aḥkām-Verse (Verse mit Rechtsurteilen) definieren wie viele Zeugen für ein gültiges Testament mindestens notwendig sind und welche Konsequenz entsteht, wenn diese unehrlich aussagen (d.h. welche Lösung danach bereitgestellt wird.)

4. Die Verse 109-118 thematisieren bestimmte Begebenheiten im Leben des Propheten ʿĪsā. Zu Anfang werden einige Wunder erwähnt. Danach stellt Allāh eine rhetorische Frage an ʿĪsā und seine Mutter Maryam, ob diese sich als Gottheiten vor ihrem Volk proklamierten. Er aber wird erklären, dass er nur tawḥīd (die Einheit Allāhs) verkündete.

5. Die Verse 119-120 Beinhalten die Verheißung des Paradieses für die Wahrhaftigen. Am Ende sagt Allāh, dass er der Herrscher allen Seins ist.

---

[5] Der Lesbarkeit dienlich, werden Eulogien auf Allāh, den Erhabenen, den Propheten, Allāhs Segen und Friede auf ihm, und die Gefährten, Allāhs Wohlgefallen auf Ihnen, ausgelassen. Ich bitte die Leser dennoch diese Verherrlichungen und Friedensgrüße beim Lesen der jeweiligen Stellen nicht auszulassen.

3. Koranwissenschaftliche Disziplin

Qaṣaṣu l-Qurʾān ist jene Wissenschaft, die sich mit den tatsächlich ereigneten Geschehnissen und Begebenheiten der Propheten in vergangenen Zeitaltern beschäftigt. Ziel dieser Disziplin ist die Bestätigung des Propheten als solchen, indem er durch den Qurʾān über historische Ereignisse berichtet, dessen Wissen zuvor nur den Leuten der Schrift vorbehalten war.[6] Wahrhaftige Geschichten dienen aber auch der Festigung des Propheten und seiner Anhänger, die sich noch am Anfang der Verkündung befanden und wenige an der Zahl waren.[7] Der wohl signifikanteste Grund für die Erwähnung von Geschichten im Qurʾān liegt darin, dem Menschen ein realistisches und authentisches Beispiel zu bieten, damit er daraus seine Lehren ableite.[8] Noch dazu kommt, dass durch die Offenlegung der prophetischen Botschaften ersichtlich wird, mit welchem Auftrag sie zu den Menschen gesandt wurden, nämlich um Allāhs Einheit (tawḥīd) zu verkünden. Auffallend ist die fragmentartige Erzählung, die anscheinend dazu dienen solle, im jeweiligen Vers die Bedeutung in den Vordergrund zu stellen. Dasselbe geschieht gleichwegs durch die oberflächliche Erzählung, die weniger ins Detail als vielmehr auf das Ergebnis des Geschehens aufmerksam macht. Auf Namen und Mengenangaben wird generell verzichtet, damit der Mensch beginnt, über die Intention des Schöpfers zu reflektieren, weil diese Geschichten den Zweck erfüllen, Lehrbeispiele für die Menschheit zu sein.

Ab Vers 110 beginnt die Erzählung über ʿĪsā, dem Allāh große Gnaden zuteilwerden ließ, indem er ihn „mit seiner Erlaubnis" Wunder bewerkstelligen ließ. Später ist von den Jüngern die Rede, welche Allāh durch seine Eingebung bezeugten. Im weiteren Verlauf wünschen sie sich das Tischwunder, da sie auf ʿĪsā hinsichtlich dessen, dass er ein Prophet Allāhs sei, sicher sein wollten. ʿĪsā bittet Allāh dem Wunsch seiner Anhänger nachzukommen und in den darauffolgenden Versen verspricht Allāh einen solchen bedeckten Tisch niederzusenden, doch führt der Unglaube nach diesem ‚eindeutigen' Wunder zu gewaltiger Strafe.

Gelehrte, die sich mit Asbābu n-Nuzūl (Offenbarungsanlässen) befassen, erläutern mithilfe von Überlieferungen die besonderen historischen Ereignisse, Situationen und Umstände, durch welche die Offenbarung bestimmter Verse begründet war. Nach Cerrahoğlu teilt sich diese Disziplin in zwei Kategorien, in „mehrere Offenbarungen zu

---

[6] 29:49.
[7] 11:120.
[8] 12:111.

einem Anlass" und „mehrere Anlässe zu einer Offenbarung". Ihm zufolge sei die Geschichte „der präziste Zeuge für ein vergangenes Ereignis."[9] Er ist der Meinung, dass asbāb an-nuzūl das Fundament bzw. den Anfang der tafsīr-Wissenschaften ausmache. Das Wissen über den Offenbarungsgrund erleichtere, so ibn Taymiyya, das Verstehen des Verses.

Im 101. Vers liegt eine Kritik vor, die sich an jene richtet, die unnötig Fragen stellen. Hierzu liegen mindestens zwei verschiedene Offenbarungsgründe vor. In der ersten Version berichtet ʿAlī b. Abī Ṭālib, dass ein Mann zu Muḥammad kam, der nachdem der Vers mit der Pilgerfahrt offenbart wurde, fragte, ob diese jedes Jahr Pflicht sei. Der Prophet antwortete ihm nicht, doch der Mann fuhr fort weiter zu fragen, bis ihn der Prophet hierfür schließlich tadelte und der Vers offenbart wurde.[10] In einer anderen Version überliefert ibn ʿAbbās, dass einige Menschen pflegten, den Propheten zu verspotten, indem sie ihm unnötige Fragen stellten, wie „Wo ist mein Vater" oder „Wo ist mein Kamel". Infolge dieser Schmähversuche offenbarte Allāh den 101. Vers.

Mubhamāt al-Qurʾān ist die Wissenschaft, die sich mit der Ermittlung der im Qurʾān nicht namentlich genannten Personen, Wesen, Orte, Zeiten etc. befasst und erforscht, wer oder was sich dahinter verbirgt. Es wird generell mit Unbestimmtheiten und Anonymitäten des Qurʾān übersetzt. Personalpronomen, Demonstrativpronomen, Temporaladverbien, Lokaladverbien, Eigenschaften etc. sind Anzeichen dafür, dass die angesprochene Person oder die gemeinte Sache unbekannt ist. Im 102. Vers der sūra al-Māʾida sagt Allāh „qad saʾalahā", was im Kontext des Verses soviel bedeutet, wie „Es haben schon nach solchem gefragt…", weiter sagt Allāh „bihā", was „ihm" bedeutet. Weder weiß der Leser anhand dieses Verses *wer* die Fragenden sind noch kann er ermitteln, *wem* diese Fragenden nicht gehorchen. Diese Unkenntnis über die Personen wird durch den Qurʾān selbst aufgelöst, da an anderer Stelle die Geschichte nochmals aufgreift und jene Personen namentlich erwähnt.[11] Aus diesem praktischen Beispiel wird ersichtlich, dass die Anonymitäten des Qurʾān auch durch ihn selbst aufgelöst werden können. Hierzu dienen ebenfalls authentische Überlieferungen des Propheten als Erkenntnisquelle für solche Unbestimmtheiten. Im 107. Vers sagt Allāh „ʿalā annahumā", was „dass die beiden" bedeutet. Hier gibt die asbāb an-Nuzūl Aufschluss darüber. Jedoch wird dieser nicht beim

---

[9] Vgl. Ismail Cerrahoğlu, *Tefsir Usûlü*, Ankara 2014, S. 111.
[10] Vgl. Al-Wāhidī, *Asbāb an-Nuzūl*, Amman 2008, S. 74.
[11] Streitgespräch zwischen Mūsā u. Banī Isrāʾīl: Opferung der Kuh. Vgl. hierzu 68-71.

Namen genannt, lediglich die Information, dass er ein auf der Reise umgekommener Medinenser sei, womit der Leser zumindest ein weiteres Faktum erhält.

Munāsabatu l-Qurʾān ist die Disziplin, die sich mit der Beziehung und dem Verhältnis zwischen aufeinanderfolgenden Wörtern, Versen oder Kapiteln des Qurʾān befasst. Durch sie werden die Zusammenhänge der nacheinander auftretenden Verse oder Kapitel erläutert. Faḫru d-dīn ar-Rāzī schreibt bzgl. dieser Wissenschaft: „Die meisten Feinheiten des Qurʾān wurden in die Reihenfolge und Verbindung (zwischen) den Versen hineingelegt."[12] Er überliefert in seinem Werk al-Itqān fī ʿulūmi l-Qurʾān folgenden Dichterspruch: „Es ist jener Stern, den die Augen klein sehen. Nicht der Stern ist Schuld am (vermeintlichen) Kleinsein, sondern die (betrachtenden) Augen."

Im letzten Vers des Kapitels al-Māʾida heißt es im Qurʾān: „*Allāhs ist das Königreich der Himmel und der Erde* und dessen, was in ihnen ist; und Er hat Macht über alle Dinge." und genau im Anschluss, d.h. am Anfang des nächsten Kapitels al-Anʿām, lautet es: „*Alles Lob gebührt Allāh, Der Himmel und Erde erschaffen...* "[13] Die Verbindung zwischen den beiden aufeinanderfolgenden Versen besteht darin, dass sich Allāh im letzten Vers als der Inhaber der Himmel, der Erde und allem, was in ihnen ist, verkündet, während er im folgenden Vers, d.h. der erste des nächsten Kapitels, deklariert, dass er auch gleichzeitig ihr Schöpfer sei.

4. Tafsīr

Am Tage, an dem Allāh die Gesandten versammelt und spricht: "Welche Antwort empfingt ihr (auf eure Botschaft)?" sagen sie: "Wir haben kein Wissen, Du allein bist der Allwissende des Verborgenen." (5:109)

Es scheint sich um den Tag des Gerichts zu handeln, an dem die Gesandten nach ihren Gemeinschaften befragt werden[14], ob sie ihnen den Glauben an Allāh versagten oder nicht. Obwohl die Propheten über reine und überlegene Intelligenz (fatāna) verfügten, ist es auffällig, dass sie auf diese zunächst einfach erscheinende Frage keine Antwort wissen. Daraus resultiert, dass sie unter dem Wirken des Zorns Allāhs einer Art Ohnmacht verfallen und vergessen, oder aus Furcht nichts sagen, obwohl sie die Antwort de facto in diesem Moment wissen, oder lügen, was auf keinen der Propheten zutreffen kann, da sie

---

[12] Vgl. Badru d-dīn az-Zarkāšī, al-Burhān fī ʿUlūmi l-Qurʾān, Band 1, S. 36.
[13] 5:120.
[14] D.h.: als Reaktion auf eure Botschaft. Vgl. Muhammad ibn Rassoul, *Die ungefähre Bedeutung des al-Qurʾān Al-Karīm*. Deutschland 2008, S. 126

die Eigenschaft der Sündlosigkeit ('isma) besitzen.[15] Imām al-Ġazzālī schreibt an dieser Stelle, dass dieses Phänomen eine Besonderheit dieses Tages sei, weil die Gesandten an diesem Tag erschüttert sein werden und unter diesem Einfluss alles vergessen.[16] As-Suyūtī stimmt al-Ġazzālī zu, jedoch mit dem Zusatz, dass die Propheten aussagen werden, nachdem sie sich beruhigt haben und sich wieder erinnern.[17] Laut Elmalılı Hamdi solle nicht die Situation mit den Propheten vordergründig sein, sondern der Mensch, welcher sich gesittet verhalten solle, da ihr Prophet über jeden einzelnen bei der höchsten Instanz (bei Allāh) aussagen wird.[18]

[5:110] Wenn Allah sagen wird: "O Jesus, Sohn der Maria, gedenke Meiner Gnade gegen dich und gegen deine Mutter; wie Ich dich stärkte mit der heiligen Eingebung - du sprachst zu den Menschen sowohl in der Wiege als auch im Mannesalter; und wie Ich dich die Schrift und die Weisheit lehrte und die Thora und das Evangelium; und wie du mit Meiner Erlaubnis aus Ton bildetest, was wie Vögel aussah, du hauchtest ihm dann (Atem) ein, und es wurde mit Meiner Erlaubnis zu (wirklichen) Vögeln; und wie du mit Meiner Erlaubnis die Blinden und die Aussätzigen heiltest; und wie du mit Meiner Erlaubnis die Toten erwecktest; und wie Ich die Kinder Israels von dir abhielt[19] als du zu ihnen mit deutlichen Zeichen kamst und die Ungläubigen unter ihnen aber sagten:»Das ist nichts als offenkundige Zauberei.«"

Allāh zeigt 'Īsā, was er ihn bewerkstelligen ließ. Jedoch nicht, um ihn daran zu erinnern, welch große Gunst ihm zuteilwurde, sondern damit er seinem Volk (den Söhne Israels) am Tage des Gerichts aufzähle, welche Wohltaten Allāh ihm machte.[20]

Der Gelehrte Imām at-Taftazānī definiert Wunder mit den Worten: ‚Es ist eine übernatürliche Handlung, welche die Herausforderung bezweckt und unwiderlegbar ist.[21] Imām an-Nasafī sagt, dass es eine außergewöhnliche Handlung im Diesseits sei, die dazu dient, die Wahrhaftigkeit eines Propheten zu bestätigen, die man nicht widerlegen kann.[22] Wunder sind Phänomene, welche von ‚normalen' Menschen mit bloßer Kraft nicht aufgebracht werden können. In der Enzyklopädie von Diyanet findet sich unter dem

---

[15] Vgl. Imām Abū Ḥanīfa, Al-Fiqh al-Akbar, S.47.
[16] Vgl. al-Ġazālī, Iḥyā' 'ulūm ad-dīn, Beirut 1997, Band 6, S. 162.
[17] Vgl. Jalāl al-Dīn al-Maḥallī/Jalāl al-Dīn al-Suyūṭī, Tafsīr al-Jalālayn, Amman 2007, S. 130.
[18] Vgl. Elmalılı Muhammed Hamdi Yazır, Hak dini kuran dili, Türkei 1979, Band 2, S. 360.
[19] 3:45-46.
[20] Vgl. Muḥammad ibn Rassoul, Die ungefähre Bedeutung des al-Qur'ān al-Karīm, Deutschland 2008, S. 235.
[21] Vgl. Imām at-Taftazānī (Übersetzung: 'Alī Ghandour), Šarḥ al-Maqāṣid, Band 5, Beirut Dār al-Ma'ārif 1998, S. 11.
[22] Vgl. Imām an-Nasafī (Übersetzung: Ali Ghandour), At-Tamhīd li-Qawā'id at-Tawḥīd, Kairo 1986, S.236.

Terminus Muʿǧiza (türk. mucize), dass dieses von der Wortwurzel ʿaǧz stammt, was Schwäche oder Unfähigkeit bedeutet und die zuvor vorgelegten Definitionen bestärkt.[23]

In der Moderne[24] werden Wunder meist als ein Konstrukt ungezügelter Phantasie betrachtet. Oft werden sie als Hauptelemente von Fabeln spotthaft diffamiert. Laut der Prämissen ihrer großen Denker und Philosophen dürfte kein seriöser Mensch auf die Idee kommen zu behaupten, transzendentes wie Engel oder das Jenseits würden in der Realität existieren. Weltweit findet seit der Modernisierung eine wachsende Säkularisierung statt.[25] Der Mensch glaubt nicht mehr, sondern will wissen. Hieraus entsteht sein Eifer die Welt in seinem Sein zu erfassen und die Gründe für das Wirken der Naturgesetze zu erforschen. Doch trifft der Leser im Qurʾān immer wieder auf Erzählungen über Wunderwirken der Propheten. Der bezeugende Leser empfindet das Bedürfnis zu erfahren, ob beides miteinander in Einklang gebracht werden kann. Heutzutage interpretieren Modernisten und Orientalisten diese Verse größtenteils metaphorisch und sprechen ihnen keinen Wahrheitsgehalt zu.

Demgegenüber beweist der zeitgenössische Gelehrte Saʿīd an-Nūrsī[26] mithilfe der Ratio, dass mit der Annahme bestimmter Axiome Wunder nicht irrsinnig sein müssen. Er führt an, dass Allāh, von dem gläubige Muslime postulieren, dass er allmächtig sei und somit in der Lage mit dem Befehl „kun faya kūn‘ aus dem Nichts Dinge ins Dasein zu rufen, kein Werk zu schwer sein kann.[27] Der, welcher den Kosmos in seiner Wohlordnung ohne jegliche Schwierigkeit und fremder Hilfe lenkt und leitet, kann seine Gesetze ändern, wie es ihm beliebt. So kann und wird Allāh, weil es ebenfalls seiner Weisheit entspricht, Infolge der Bitte seiner Propheten, seine Gesetze ändern, da er sie vor ihrem in der Regel aufrührerischen Volk nicht bloßstellen, sondern vielmehr bestätigen wird. Saʿīd an-Nūrsī führt hierzu ein Gleichnis an, indem ein großer König einen Boten aus seinem Volk erwählt. Er muss seinem hohen Maßstab entsprechend äußerst intelligent und angesehen bzw. vertrauenswürdig sein, darüber hinaus auch charakterlich unter allen Menschen

---

[23] Vgl. *Diyanet Islâm Ansiklopedisi*, Band 30, Istanbul 2005, S. 350.

[24] Sapere aude „Wage es, weise zu sein!" oder in der kantischen Version „Habe Mut dich deines eigenen Verstandes zu bedienen!" sind die Leitsprüche der Aufklärung und der mit ihr einziehenden Moderne. Charakteristisch sind die steten Versuche alles im Seinsbereich des Menschen zu erfassen, logisch oder empirisch, und jenes zu verwerfen, was bislang nicht individuell oder wissenschaftlich bewiesen wurde (Wissenschaftsgläubigkeit).

[25] Vgl. etwa Norris/Inglehart, Sacred and Secular, S. 58; Inglehart/Baker, Modernization, Globalization and the Persistence of Tradition, S. 49; Thorleif Pettersson, Religion in Contemporary Society: Eroded by Human Well-Being, Supported by Cultural Diversity, in: Comparative Sociology 5 (2006), S. 231-257; Stijn Ruiter/Frank van Tubergen, Religious Attendance in Cross-National Perspective: A Multilevel.

[26] Bekannter unter dem Namen Badīʿu z-Zamān, den er aufgrund seiner besonderen Fähigkeiten, wie seinem fotografischen Gedächtnis, von seinem Lehrer Molla Fatḥullāh al-Warqanīsī bekam.

[27] 16:40 „Unser Wort, das Wir für eine Sache sprechen, wenn Wir sie wollen, ist nur: "Sei!" und sie ist."

hervorragen. Nachdem der König solch einen Menschen zur Belehrung seiner Untertanen auserwählt und ausbilden ließ, schickt er diesen los. Jene werden ihn fragen, was sein Beweis sei und er wird auf den königlichen Erlass[28] mit dem Siegel des Königs hinweisen, den er in seinen Händen hält. Weiter wird er seine Gesandtschaft durch ein indirektes Einverständnis des Königs beweisen, indem er zeigt, dass ihm erlaubt ist, was sonst anderen verwehrt bleibt. Um ihn als seinen besonderen (außerordentlichen) Bediensteten zu bestätigen, ändert der König seine Gewohnheiten und Gesetze, was stärker zu wiegen vermag, als es sein einfaches ‚Ja'-Sagen getan hätte.

Und so verhält es sich ebenfalls mit den Propheten, die den vorzüglichsten Teil des Menschengeschlechts ausmachen. Allāh, welcher stellvertretend als der König in diesem Gleichnis stand, gibt ihnen Bücher als Bestätigung ihrer Mission und wird seine immerwährenden Gesetze auf ihre Bitte hin ändern. Ein Wunder dient insofern der Bestätigung und der Stärkung der Propheten, ihrer Anhänger und der Gläubigen. Umgekehrt soll es die Ignoranz und die Verbohrtheit der Leugner zerbrechen und sie zu ihrem eigenen Seelenheil führen.[29]

[5:112] Als die Jünger sagten: „O Jesus, Sohn der Maria, ist dein Herr imstande, uns einen Tisch (mit Speisen) vom Himmel herabzusenden?", sagte er: „Fürchtet Allāh, wenn ihr Gläubige seid."

Auffallend an diesem Vers sind die passiven und unliebsamen Worte der Söhne Israels ‚dein Herr", während es doch ‚unser Herr' lauten sollte. Sie erwarten von dem Propheten ʿĪsā, dass er ihnen ein Wunder zeige, damit ihre Herzen, wie sie im darauffolgenden Vers beteuern, beruhigt seien. Auf ihre Frage antwortet der Prophet jedoch mit den strengen Worten ‚Fürchtet Allāh, wenn ihr Gläubige seid', was auf den Leser wie eine Drohung wirkt. Es scheint ihm bewusst zu sein, dass er es mit einem Volk zu schaffen hat, das auch Mūsā widersetzig handelte. Schließlich droht Allāh im 115. Vers, dass er ihnen, wenn sie nach diesem Wunder nicht glauben sollten, eine Strafe verhängen würde, der bislang kein anderer auf der Welt ausgesetzt war.[30]

---

[28] Hiermit ist der Qur'ān gemeint.
[29] Vgl. Bedīüzzaman Saīd Nūrsi, *Osmanlıca Risâle-i Nûr Külliyâtı'ndan Zülfikâr Mecmuası*, Istanbul 2011, S. 227 ff.
[30] Vgl. Muḥammad ibn Rassoul, *Die ungefähre Bedeutung des al-Qur'ān al-Karīm*, Deutschland 2008, S. 354.

Eine ganz andere Ansicht vertreten die Mufassirūn Diyanets.[31] Es handelt sich bei den genannten Personen um die Ḥawāriyyūn[32] ʿĪsās, die möglicherweise noch am Anfang ihrer Verkündigung waren und dementsprechend neu zu ihrem Glauben gelangt sind – dies zumindest liegt nahe, wenn die vorgelegte Exegese richtig sein sollte. Nach Ansicht vieler Experten sei das Wort ‚ist dein Herr imstande‘ nicht im negativen, ja verhöhnenden Kontext zu verorten. Vielmehr sollte dieses Wort folgende Bedeutungen in sich tragen: ‚*Würde dein Herr uns einen Tisch vom Himmel hinabsenden?, ist die Hinabsendung des Tisches seiner Weisheit entsprechend, sodass er unserer Bitte folgeleisten würde?, ist dieser Wunsch dem Prinzip seiner Naturgesetze entsprechend? (Unter diesen genannten Voraussetzungen), würdest du deinen Herrn von uns bitten, diesen unseren Wunsch zu erfüllen? Würde dein Herr dieser Bitte mit Wohlwollen zustimmen, würde er deine Bitte erfüllen?.*‘ Schließlich ist es so, dass sie im Vers zuvor ihre Intention offenlegen, indem sie sagen ‚Wir glauben, und sei Zeuge, dass wir (Dir) ergeben sind.‘

Auch wenn es eine augenscheinliche Anschuldigung ʿĪsās gibt[33], ist es als eine Kritik bzgl. ihrer Art zu Fragen anzusehen und respektvoller zu bitten und klarzustellen, dass es sich nicht geziemt, solches zu verlangen, wenn das Herz bezeugt hat. Als einen Beweis dafür, dass dies nicht zu tadeln ist, liefern sie den Wunsch Ibrāhīms, welcher Allāh darum bat ihm zu zeigen, wie er Tote erneut zum Leben erweckt. Allāh fragt ihn ‚Glaubst du denn nicht?‘, er antwortet hierauf ‚Doch! Aber (ich frage), um mein Herz zu beruhigen.‘[34] Hiernach zeigt ihm Allāh seine Macht und vollbringt dieses Wunder für ihn.

Bilmens Deutung zufolge liegt die Intention der Frage nach dem Tischwunder darin, ihre Überzeugung von der Stufe ʿilma l-yaqīn[35] auf ḥaqqa l-yaqīn[36] zu erhöhen.[37]

Einen anderen anschaulichen Zugang bietet der Journalist Sayyid Quṭb. Er behauptet, dass die Gefährten Muḥammads nicht wie die Anhänger ʿĪsās auf ein Wunder beharren, um ihren Glauben zu stärken. Sie glauben aus tiefster Überzeugung. Beide Gruppen sind sich hinsichtlich ihrer Unterwerfung Allāhs und ihrer Akzeptanz bei der göttlichen

---

[31] Zu Deutsch: Präsidium für Religionsangelegenheiten, welche eine Einrichtung zur Verwaltung religiöser Angelegenheiten in der Türkei ist.

[32] Jünger Jesu.

[33] „Fürchtet Allāh, wenn ihr Gläubige seid.“

[34] 2:260.

[35] Mit dem Wissen sehen bzw. beobachten. Als Beispiel dient Rauch, der hinter einem Berg aufsteigt und von dem der Beobachter annimmt, dass er von einem Feuer oder zumindest von einem anderen Grund (Fabrikschornstein etc.) verursacht wird.

[36] In Wahrheit sehen. Dem Beispiel entsprechend würde es die tatsächliche physische Existenz des Feuers beweisen, indem der Beobachter nun hinter dem Berg nachschaut und direkt an der Quelle des Rauches steht und sich mit seinen ganzen Sinnen davon überzeugt, dass seine Vermutung richtig war.

[37] Vgl. Ömer Nasuhi Bilmen, *Kur'ân-ı Kerîm'in Türkçe Meâli Âlisi ve Tefsiri*, Istanbul 1985, Band 2, S. 320.

Instanz ähnlich. Jedoch besteht zwischen ihnen ein weiter Abstand in Bezug auf ihre Stufe bei Allāh.[38]

[5:116] **Und wenn Allah sprechen wird: "O Jesus, Sohn der Maria, hast du zu den Menschen gesagt:»Nehmt mich und meine Mutter als zwei Götter neben Allah?« wird er antworten: "Gepriesen seist Du. Nie könnte ich das sagen, wozu ich kein Recht hatte. Hätte ich es gesagt, würdest Du es sicherlich wissen. Du weißt, was in meiner Seele ist, aber ich weiß nicht, was Du in Dir hegst. Du allein bist der Allwissende des Verborgenen.**

Am Tag des Gerichts wird Allāh die Lügen der Lügner aufdecken, indem er ʿĪsā diesbezüglich befragt. In einem fiktiven Dialog, den Bilmen in Hinblick auf die Verse in eigenen Stücken formuliert, soll ʿĪsā sagen: „Wie könnte mir solches Einfallen, wo ich doch nur Deine Schöpfung bin?"

Bilmen ist der Meinung, der Sinn hinter der Befragung sei darin begründet, die an-Naṣāra in ihrer Unwahrheit zu entlarven.[39]

Aus sprachstilistischer Sicht betrachtet es Quṭb, welcher anmerkt, dass, wie auch Bilmen es angemerkt hat, nicht der offensichtliche Adressat angesprochen, sondern die Lügner. Auffallend ist ihm zufolge, dass ʿĪsā sichtlich ehrfürchtig und beängstigt, vor der göttlichen Präsenz und seines Zorns seine Antwort mit einer Glorifizierung einleitet „Gepriesen seist Du.", wonach er eine absolute Negation über die Dinge ausspricht, die ihm an Göttlichkeit zugesprochen werden.[40]

---

[38] Vgl. Sayyid Quṭb, *Fī ẓilāli l-Qurʾān*, Istanbul 1991, Band 4, S. 245.
[39] Vgl. Ömer Nasuhi Bilmen, *Kurʾân-ı Kerîmʾin Türkçe Meâli Âlisi ve tefsîri*, Istanbul 1985, Band 2, S. 116.
[40] Vgl. Sayyid Quṭb, *Fī ẓilāli l-Qurʾān*, Istanbul 1991, Band 4, S. 248.

Fazit

Der Qur'ān ist nach Konsens der islamischen Gelehrten das Wort Allāhs. Nach Überzeugung der Muslime in aller Welt ist er das größte empfangene Wunder des Propheten Muḥammad, auf dem Friede und Segen seien, und sowohl in Prosa als auch in Lyrik unangefochten und unübertroffen. Er ist eine Herausforderung für alle Menschen und ǧinn.[41] Renommierte Poeten und Denker vergangener Epochen versuchten sich an den Qur'ān, um ihn in seiner Schönheit an Eloquenz und Wohlklang zu widerlegen. Als ein berühmtes Beispiel und äußerst passend zu der sūra, die in dieser Arbeit behandelt wurde, dient hierzu der missratene Versuch al-Kindīs[42], der nur einer von vielen war. Dieser wurde von seinen Schülern aufgefordert, dem Qur'ān ein ebenbürtiges Wort entgegenzustellen. Seine Schüler sagten zu ihm „O Philosoph, mache uns etwas diesem Qur'ān gleichwertiges." Er erwiderte: „Nun denn, nicht das gesamte Wort, aber einen Teil davon werde ich (an Ebenbürtigem) anfertigen." So verschloss er sich viele Tage, bis er schließlich hervortrat. „Bei Allāh, weder ich noch jemand anderes wird die Kraft aufbringen können. Ich öffnete den muṣḥaf und stand dem Kapitel al-Mā'ida gegenüber. So ich darüber schaute sah ich, er (der Qur'ān) spricht von der Einhaltung der Verträge, gebietet die Treue und verbietet den Wankelmut, macht einen generellen taḥlīl[43], später eine Ausnahme zur Ausnahme, danach berichtet er von (Allāhs) Macht und Weisheit und dies alles komprimiert in zwei Zeilen. (Gewiss) kann dies niemand ausdrücken ohne vorher Bände vollgeschrieben zu haben.[44]

Der Qur'ān beschreibt sich selbst als eine Richtschnur, ja als ein Seil[45] für alle Menschen und ǧinn, um das Wahre vom Falschen zu unterscheiden.[46] Er ist ein Wegweiser, zur Erlangung der Gottgefälligkeit und seiner Zufriedenheit. Nicht ist er von der fehlbaren und unzulänglichen Schöpfung vollständig erfassbar, sondern ist er vielmehr für jeden das, was er aus ihm an Wahrem entnehmen kann. [47] Denn dieses Wort ist die Wahrheit selbst, doch der Mensch täuscht sich. Er ist solch ein Wort, dass er in allen Zeitaltern, beginnend von seiner Offenbarung bis heute stets rezent und aktuell ist. Es heißt im Band Zülfikâr: „Die zweite Spiegelung ist die Jugendfrische des Qur'ān, der diese (immerzu)

---

[41] 17:88, 11:13, 10:38, 2:23-24.
[42] Der große Dichter und Philosoph unter den Arabern seiner Zeit.
[43] Erlaubtmachung.
[44] Vgl. Elmalılı Muhammed Hamdi Yazır, *Hak dini kuran dili*, Türkei 1979, Band 2, S. 142.
[45] 3:103.
[46] 25:1.
[47] 3:7.

bewahrt, so als würde er jedes Zeitalter neu offenbart."[48] Auf die Fragen aller Menschen in jedem Zeitalter bietet er eine Basis der Antwortfindung, was allein durch die hunderttausenden tafsīr-Werke zum Ausdruck kommt, die alle aus seinem Licht gespeist werden. Dem Menschen schenkt er einen Lebenssinn und hilft ihm als einziger Rechtleiter, wenn er nach danach sucht.[49] Er selbst ist die Heilung für die kranken Seelen, welche nach Einheit dürsten und Barmherzigkeit, wenn diese sich gegen sich selbst vergangen haben und nach Vergebung flehen.[50]

Und noch vielmehr ist er im Leben eines bezeugenden Muslims.

Und Allāh weiß es am besten...

---

[48] Vgl. Bedîüzzaman Saîd Nûrsi, *Osmanlıca Risâle-i Nûr Külliyâtı'ndan Zülfikâr Mecmuası*, Istanbul 2011, S. 116.
[49] 45:11.
[50] 17:82.

Literaturverzeichnis

1. **Quṭb, Sayyid.** *Fī zilāli l-Qurʾān.* Istanbul : s.n., 2011.

2. **al-Wāḥidī, ʿAlī ibn Aḥmad.** *Asbāb al-Nuzūl.* Amman : s.n., 2008.

3. **Kaṯīr, ibn.** *Hadislerle Kur'an-i Kerîm Tefsîri.* s.l. : Çağrı Yayınları, 1983.

4. **al-Fīrūzabādī, ʿAbdullāh Ibn ʿAbbās Muḥammad.** *Tanwīr al-Miqbās min Tafsīr ibn ʿAbbās.* Amman : s.n., 2007.

5. **Rassoul, Muhammad ibn.** *Die ungefähre Bedeutung des al-Qurʾān Al-Karīm.* Deutschland : s.n., 2008.

6. **Bilmen, Ömer Nasuhi.** *Kur'ân-ı Kerîm'in Türkçe Meâli Âlîsi ve Tefsîri.* 1985 : Bilmen Yayinevi, Istanbul.

7. **Yazır, Elmalılı Muhammed Hamdi.** *Hak Dini Kur'an Dili.* Istanbul : Zehraveyn, 1979.

8. **Cerrahoğlu, Ismail.** *Tefsir Usûlü.* Ankara : Türkiye Diyanet Vakfı Yayınları, 2014.

9. **at-Taftazānī, Imām.** *Šarḥ al-Maqāṣid.* Beirut Dār al-Maʿārif : s.n., 1998.

10. *Islâm Ansiklopedisi.* Istanbul : s.n., 2005.

11. **Ḥanīfa, Abū.** *Fiqh al-Akbar.* Istanbul : Kalbi Kitaplar.

12. **an-Nasafī.** *At-Tamhīd li-Qawāʿid at-Tawḥīd.* Kairo : s.n., 1986.

13. **Nûrsi, Bedîüzzaman Saîd.** *Osmanlıca Risâle-i Nûr Külliyâtı'ndan Zülfikâr Mecmuası.* Istanbul : Hayrat Neşriyat, 2011.

14. **Rassoul, Muḥammad ibn.** *al-Qurʾān Al-Karīm (Farbkodierte Übersetzung mit arabischem Text).* Istanbul : Asir, 2010.